스친 것들에 대한 기록물

청춘문고

이 책은 비록
스친 것들에 대한 추억을 나열하였지만
스치지 않고 남아준 사람들에게
감사하는 마음을 전합니다.

목차

주는 사랑이 행복하다고 누가 말했던가 · · · · 9
익숙한 낯선 사람 · · · · · · · · · · · · · · 10
연인 관계 · · · · · · · · · · · · · · · · · 11
보낸 편지함 (2013년 3월 1일) · · · · · · · 13
독립 · 18
도발적 사건 · · · · · · · · · · · · · · · · 19
연애 잘하는 방법 · · · · · · · · · · · · · 20
이상하게 · · · · · · · · · · · · · · · · · · 21
원래 · 23
공복 상태 · · · · · · · · · · · · · · · · · 26
차라리 바람을 피세요 · · · · · · · · · · · 27
신호탄 · · · · · · · · · · · · · · · · · · · 30
보통 · 31
이럴 줄 알았으면서, 이럴 줄 몰랐다 · · · · 32
그리고 그 후 · · · · · · · · · · · · · · · · 33
사랑에 대한 정확한 정의의 불필요성 · · · · · 35

일인다(多)역 · · · · · · · · · 37
그리움과 외로움의 차이 · · · · · 38
상처 · · · · · · · · · · · · · 39
차라리 혼자가 좋아! · · · · · · 40
예쁘다 · · · · · · · · · · · · 41
뒤늦은 고백 · · · · · · · · · 43
수도꼭지 · · · · · · · · · · · 45
연애 바람 · · · · · · · · · · 47
사랑이 뭐길래 · · · · · · · · 50
이별 사유 · · · · · · · · · · 52
사랑의 구조 · · · · · · · · · 53
생각이 나서 · · · · · · · · · 54
스물넷 · · · · · · · · · · · · 55
이제는 스물다섯 · · · · · · · 57
왕비 妃 · · · · · · · · · · · 58
어쩌면 모두가 알고 있는 사실 · · · · · · · 60
평안 · · · · · · · · · · · · · 61

그곳이 파리라면 · · · · · · 62
낯선 사람, 그러나 익숙한 여행자 · · · · · 63
아름다운 이별 · · · · · · · · 66
오래오래 행복하게 · · · · · · · 68
꽃보다 아름다워 · · · · · · · 70
plz · · · · · · · · · · · · 71
친구들이 · · · · · · · · · · 72
트라우마 · · · · · · · · · · 73
사계절 · · · · · · · · · · · 76
행복해야만 한다는 강박증 환자의 고백 · · · 77
나이를 먹는다는 건 · · · · · · · 78
기차를 타고 · · · · · · · · · 79
무제 그리고 부재 (마지막 연애편지) · · · 80
이 또한 지나가리라 · · · · · · · 82
스친 것들에 대한 기록물 · · · · · 83
Epilogue · · · · · · · · · · 85

주는 사랑이
행복하다고
누가 말했던가

주는 사랑이 꼭 행복한 것만은 아니다.
내 것을 하나 꺼내어 상대에게 내어주는 행위인데
어떻게 마음에 공허함이 찾아오지 않을 수 있을까?

아무래도 주는 사랑이 행복하다고 말하는 사람들은
자신이 꺼내준 마음의 빈자리에
상대로부터 다른 예쁜 마음을 받아 채웠기 때문에
행복하다고 말할 수 있는 것이 분명하다.

내가 주는 사랑이 행복할 수 있게 채워주세요.
그 예쁜 마음.

익숙한
낯선 사람

친구가 아는 나의 '전부'에는 많은 변화가 있었다. 그럼에도 불구하고 여전히 내게 어떤 습관과 버릇이 남아있는지 그들은 말해줄 수 있다. 그러나 당신이 잘 안다고 자부하는 나의 '전부'에는 사실 거짓과 모순이 많다. 당신이 나를 본 시점부터 시작된 그 세계는 너무 좁고 얕다. 당신은 나를 잘 알지만, 나의 전부는 알지 못 한다. 우리는 그렇게 끊임없이 서로 의외다 싶은 순간을 마주한다.

그래서 우리는 서로에게 익숙한 낯선 사람.

연인 관계

남자의 기준에서 여자를 사랑한다는 것은 어떤 마음일까?
여자의 기준에서 남자를 사랑한다는 것은 어떤 마음일까?

똑같이 사랑하는데 우리는 매 순간
남자와 여자가 다르다는 것을 느낀다.
두 사람의 관계가 시작될 때
여자는 남자로부터 자신이 사랑받고 있다고
생각한다.
그리고 두 사람의 관계가 깊어졌을 때
여자는 남자로부터 자신이 예전만 못한 사랑
을 받고 있다고 생각한다.

그러나 남자는 여자의 그런 생각을 부정한다.
그리고 덧붙인다.

처음보다 더 많이 사랑한다고.

남자의 사랑이 사실이라면
여자의 섭섭함은 도대체 어디서부터 시작되는
것일까?

남자의 사랑이 깊어질수록
여자의 외로움도 깊어지는 참 아이러니한 관계.

보낸
편지함
(2013년 3월 1일)

오빠에게.

2012년 3월 1일. 아직도 선명해. 정말 그날 그 남자가 당신 맞아? 나는 너무 신기해. 사실 누군가와 1년을 넘어본 게 처음도 아닌데 왜 이렇게 처음인 것처럼 설레는지. 연애 초에는 참 이상하게 시간이 안 갔어. 만난 지 얼마나 됐나 날짜를 세어보면 우린 아직 한 달도 채 되지 않은 햇병아리 커플이었고, 다른 연인들이 '우리 벌써?' 이럴 때 난 반대로 '에게, 겨우?'라고 했지. 그만큼 우리가 짧은 시간 안에 돈독하고 가까워졌던 걸까? 근데 나도 드디어 '벌써'라는 말이 입에 붙어. 우리 벌써 1년이야. 당신은 믿어져?

난 입버릇처럼 너에게 자주 말했지. 가볍게 널 만나 이렇게 깊어질 줄 몰랐다고. 창피하게도 지금껏 내 연애는 강한 자기애를 앞세웠던 사랑을 해왔어. 널 만나기 이전까지 나는 상대를 깎아내리는 재미로 연애하는 모자라고 이기적인 사람이었지. 하지만 당신을 만나고 아직도 이렇게 존중하고 존중받으며 연애를 하고 있는 현실에 정말 감사해. 예전에 너에게 했던 고백을 다시 한번 더 하려고 해. 현명하게 사랑하는 방법을 알려주어 고마워. 제아무리 사랑한다고 해도 남녀 관계 이전에 사람과 사람의 관계라 이해할 수 없는 순간도 올 테고, 정떨어지는 날도 올 테지만. 그래도 지나면 눈 옆에 붙은 눈곱도 사랑스러워 보이고, 몸에 난 너의 상처가 가슴 저미게 아픈 순간도 올 테지.

멍청하게 처음과 같은 설렘을 바랐던 날들도 있었어. 당신도 잘 알 거야. 내가 계속 옛날 애기 하면서 그때로 돌아가고 싶다고 칭얼댔던 날들 말이야. 그 애기를 듣는 너는 얼마나 힘이 들었을까. 당신 말대로 현재에는 더 깊어진 우리가 있는데 말이야.

익숙할 대로 익숙한 당신이 좋아. 언제나 처음처럼 설명하지 않아도 넌 나를 알아주고, 끊임없이 꽃처럼 물을 주고, 나를 존중해주는 당신이 없었다면 나는 존경을 모르고 살아왔겠지.

생일에는 축하한다고 말하고, 사랑할 땐 사랑한다고 말하잖아. 다들 왜 그렇게 똑같은 말만 주고받는 건지 가끔 그것들이 식상하게 느껴졌는데, 그게 표현할 수 있는 최대의 진심이어서 그랬던 게 아닐까 싶더라. 창의적인 거짓말을 하고 싶지만, 모두가 느끼는 보편적인 최고의 진심을 나도 표현해보려 해.

가능하다면 우리의 마음이 영원하고 싶어. 모자란 나를 언제나 잘 다루는 당신이 난 필요해. 즉흥적인 나와는 달리 미래를 계획하는 당신을 나는 존경해. 언제나 내가 잘되기만을 바라주고, 건강하게만 자라달라고 말하는 당신을 나는 엄마만큼 사랑해.

독립

누군가의 삶 안에 속한 삶을 사는 것은 여전히 두렵다. 아침에 눈을 뜨면 연락을 하는 일, 시시콜콜한 일상을 떠드는 일, 내 고민의 주인이 네가 되는 일, 자기 전 주고받는 사랑의 언어. 이 모든 것은 누군가의 삶 안에 내가 스며들다가 결국 산화되고 부식되어버리는 자기 파괴적인 행동이 되어버릴까 겁이 난다. 사랑도 독립적일 수는 없나요.

도발적
사건

도발적 사건은 계기적 사건으로
인물의 평범한 일상을 뒤흔드는 힘을 가지고 있다.
그러나 야속하게도 인물은
자신의 일상이 뒤흔들릴 것을 예감하지 못한다.

오늘의 나처럼.

이건 정말 슬픈 일이다.

연애
잘하는 방법

이건 그냥 나만의 연애 잘하는 방법.
지극히 개인적이고 주관적인 그런 연애 잘하는 방법.

연애는 물같이.
이별은 칼같이.

이상하게

이상하게, 받아들였다. 뒤로 넘어져도 코가 깨지는 날이 있는가 하면, 앞으로 넘어져도 코가 안 깨지는 날도 있다고.

어느 금요일 밤, 무의식적으로 면도날을 만졌는데 손이 안 베였다. 당연히 베일 줄 알았는데, 안 베였다. 며칠 뒤 밤에는 샤워하고 수건으로 몸에 묻은 물기를 닦다가 수건에 손가락이 쓸려서 피가 났다. 이 보드라운 수건이 어째서 면도날보다 더 날이 서 있었던 건지 믿을 수가 없었다.

그러다 문득 나의 이별이 왜 이렇게 자연스러운지 알게 됐다. 내 잘못이 있고 없고를 떠나, 내가 아쉬움이 남고 안 남고를 떠나, 아무 일도 아닌 일로 그날 우리는 다투었고, 이별까지 맞이했다. 나는 이미 그때 모든 것이 자연스러웠다고 생각한다. 이별이 자연스러웠으니, 이별 후 내가 아무렇지 않은 것도 어쩌면 지극히 당연한 일이었다.

원래

나 원래 약속 시간 못 지켜.
나 원래 간섭받는 거 싫어해.
나 원래 다혈질에 욕도 잘해.
나 원래 이래.

그때는 그게 그렇게 큰 자부심이었다. 도도한 것과 이기적인 성질을 분간하지 못한 최후의 내 모습은 승자가 아닌 패자에 가까웠다.

이후 나에게 처음으로 존중하고 배려하는 방법을 가르쳐준 사람을 만났는데, 그 사람이 나에게 가르쳐준 것인지 아니면 내가 많이 사랑해서 자연스레 터득한 것인지는 모르겠다만, 나는 그렇게 믿고 있다. 그가 내게 가르쳐주었다고.

적어도 1년간은 그렇게 그를 존경할 수 있었다.

어느 날은 싸움이 붙었는데 그렇게 침착하던 사람이 이성을 잃고 나를 향해 소리를 질렀다.
"너 왜 그래?"
묻는 나에게 그는 뻔뻔하리만큼 당당하게 대답했다.
"뭐가? 나 원래 이래."

그때 나는 처음으로 '원래'라는 단어가 주는 공포를 느꼈다.

세상에 '원래' 그런 사람은 없다. 이기심을 보란 듯이 바리케이드로 쳐두고 연애하던 내가 과거의 연애처럼 그에게 '원래' 이렇다는 말로 일관했다면 우리 관계는 어땠을까?

사람인지라 원래가 남보다 나를 생각하는 이기심이 당연하다. 하지만 나는 그게 너라서, 어떠한 경우에도 '원래'라는 핑계를 대지 않았다.

엄마들이 가끔 이런 말을 한다. 너 같은 자식 한번 낳아보라고.
엄마만큼 그를 사랑했던 나는 이런 말을 하고 싶다.

너도 꼭 너 같은 여자 만나, 나처럼 한번 사랑해봐.

공복 상태

대단하다고 생각했던 사람이 동네 흔한 또래 아이들과 별반 다를 것이 없다는 것을 알았을 때. 하늘 높은 줄도 모르고 무섭게 치솟던 그를 향한 존경심이 공든 탑보다 쉽게 와르르 무너질 때, 나는 왜 너를 사랑하는가에 이어 우리는 사랑일까 한꺼번에 몰려오는 의심과 사랑의 공복에 우리는 오늘도 허기진다.

차라리
바람을
피세요

나는 이별이 참 쉬운 사람이었다.
다시 말해 헤어지자는 이별 통보를 잘하는 사람이었다.

처음에는 헤어지고 다시 만나는 얼굴이 좋기도 하면서, 민망하기도 했는데, 어느 순간부터는 이별이 이별로 다가오지 않았다. 그리고 그건 우리만의 문제가 아니었다. 모든 주변인이 우리의 이별을 이별로 받아들이지 않았고, 마치 정해진 것처럼 우리는 늘 다시 만났다. 아니, 만나야만 했다.

그런데 그렇게 3년을 만났더니 어느 순간 그 말에 진절머리가 나더라. 그래서 다시는 그런 연애가 하고 싶지 않아졌고, 내 바람대로 나는 이별을 쉽게 내뱉지 않는 사람이 되었다.

하지만 인생이 어디 뜻대로 되던가. 이번에는 이별을 쉽게 내뱉는 남자를 만났다. 그래, 처음에는 그도 분명 쉬운 말은 아니었을 거다. 이기적이고 제멋대로인 나와 하는 연애가 힘들고 버거워 그만 깊어지자 말했겠지. 그래서 나도 울었다. 그 말을 뱉을 수밖에 없는 그의 마음이 나에게 전해져 나를 자책하고, 우리의 이별 앞에서 나는 아파했다.

그러나 우리는 헤어지지 않았고, 더 연애를 했다. 그는 이후 술을 마시고 욱하는 마음에 내게 이별을 통보하는 일이 두 번 있었고, 나는 그때 체감했다. 가볍게 뱉었다고 해도, 이별은 절대 가벼울 수 없다는 것을.

쉽게 헤어지자는 말을 뱉을 땐 몰랐는데, 직접 당

해보니 그 상처가 꽤 넓고 크다. 나는 가해자와 피해자 모두를 경험한 사람으로서 감히 말한다. 차라리 바람을 피세요.

신호탄

무언가 잘못돼도 단단히 잘못됐다.
순간순간 솔직했을 뿐인데, 그게 그렇게 잘못한 거야?
좋을 때 좋다고, 싫을 때 싫다고 말했을 뿐인데 그게 그렇게 바닥까지 내쳐질 만큼 잘못된 일이었어?

헤어지고 처음으로 맞이하는 땅끝이었다. 지구 끝까지 내몰린 기분은 1초의 사소한 예민함도 견딜 수 없도록 나를 내몰았다. 그 어디에도 의지할 수 없었고, 갈 곳이 없었다. 그저 집이 내 유일하고도 마지막으로 주어진 공간인 것처럼 나는 침대 위에 반쯤 누워 이불을 덮었다.

최악은 곧 최고의 순간이 온다는 신호탄.
한숨 자고 일어나선 어느새 굿모닝.

보통

우리는 오늘도 보통의 언어로,
보통의 하루를 보내고,
보통의 삶을 산다.

보통이라는 건,
보통이라는 것.

보통.

똑같은 단어지만 어떤 이에겐 최상의 단어가,
또 다른 어떤 이에겐 최악의 단어가 된다.

이럴 줄 알았으면서,
이럴 줄 몰랐다

우리가 사랑한다면
이별하는 날도 있을 거라 생각했다.
우리가 사랑한다면
언제나 봄처럼 설레고
가을처럼 헤어짐이 아쉬운 것만이 아니라
여름처럼 치열하게 다투고
겨울과 같은 냉소도 찾아올 거라 생각했다.

그러나 그렇게 생각했음에도 불구하고
모든 것은 갑작스럽다.

나는 정말 이럴 줄 알았으면서,
이럴 줄 몰랐다.

그리고
그 후

천진난만하고 해맑던 여자의 순수는 상대와의 안녕 이후, 사랑할 때와는 너무나 다르게 변했다. 상대의 평안과 행복을 빌어주던 여자는 완벽하게 반대되는 것들을 바라면서 그렇게 끝과 끝에서 절대 만나지 말 것을 당부했다. 한마디로 그 순수가 변질된 것이다. 그것은 여자의 극단적인 성격과 성향을 반영한 안녕이었으리라.

여자는 자신의 안에서 상대가 행복하길 바랐던 것인데, 상대는 그것을 몰랐다. 내 옆에 그녀가 없어도 자신이 여자 안에서 누렸던 행복이 지속되는 줄로만 알았다. 더 세밀하게 들어가자면, 자신의 행복이 그녀로부터 시작됐던 것임을 몰랐다. 시간의 농을 먹은 정신이 그러한 사실들을 까맣게 잊게 했던 것이다.

이미 어른이 되어버린 남자의 주변에는 이미 어른이 되어버린 여자만 있었다.

사랑에 대한
정확한 정의의
불필요성

가벼워졌다.
예전에는 내가 이 사람을 사랑하는 걸까
얼마나 주저하고 고민했는지 모른다.
우리 관계의 문제 앞에서도
이런 문제로 헤어지는 게 옳은가 아닌가
얼마나 고민했는지 모른다.

그러나 이제 와 생각해보면
그 순간들이 부질없었던 것 같다.
오랜 연애를 여러 차례 하다 보니 느낀 것은
사랑은 슬프지만 없다는 것을 깨달았다.

처음 상대에게 느끼는 설렘을
사랑이라고 지칭하기에 그 찰나의 순간은
너무 짧아 가혹하고,

오랜 시간 함께 지내면서 쌓아온 정을
사랑이라 부르기에는
오랜 습관과도 같아 씁쓸하다.

그렇다면 사랑은 뭘까?
사랑이 무언지 정확한 정의를 내릴 수 없다고 하더라도
우리는 알고 있다.

오래된 내 연인과 헤어져도
아무렇지 않게 다시 오는 연락에
어느새 답장하고 있는 나 자신을.
다시 만난 뒤에 괜히 다시 만났나 후회해도
곧 예전처럼 좋아질 것을.

일인다
(多)역

한때 너는 오빠가 있었으면 하는 나에게
듬직하고 이상적인 오빠가 되어주었지만
지금 나는 다시 사랑하는 엄마의 장녀가 되었다.

한때 너는 내 일을 당신의 일보다 더 앞장서 해주는
부모님의 모습을 하곤 내 옆에 있었지만
지금은 안부조차 물을 수 없는 고인(故人)과도 같은
존재가 되었다.

한때 너는 내 친구보다 짧게 내 인생에 존재했음에도
불구하고 친구보다 나를 더 잘 알아주었지만
지금은 더 이상 나를 짐작조차 못 한다.

너의 수많은 역할은 이별과 동시에 끝이 났고
너는 그렇게 한 편의 드라마가 되었다.

그리움과
외로움의 차이

우리가 헤어지고
나는 그에 대한 상반된 두 마음 앞에서
가끔 혼란스러워하고는 했다.

내가 너를 아직도 사랑하는지,
아니면 사랑했는지.

그러나 어느 늦은 밤
나는 그 밤이 그리움에 사무치는 밤이 아닌
외로움에 사무치는 밤이라는 것을 알고
내가 너를 사랑했다는 것을 깨달았다.

그립지 않고 외롭다니 참 다행이다.

상처

계절의 온도를 무시하고 나는 그날도 따뜻한 물로 샤워를 했다. 습도와 고온도 뚫는 따스한 물줄기에 나는 마음이 차분해져 기분이 좋았다. 거의 샤워가 마무리될 즈음에 낮에 베인 손가락 상처를 발견했다.

까맣게 잊고 있었던 것을 보니, 그만큼 아프지 않았던 것 같다. 그러나 다시 샤워기 물줄기가 상처에 닿았을 때, 나는 무섭도록 그 상처가 아파왔다. 그때 나는 상처가 왜 그렇게 아픈지 깨달았다.

우리의 상처가 아픈 것은 그 상처에 집중하고 있기 때문이다.

차라리
혼자가
좋아!

누군가를 만나 마주 앉아 밥을 먹고, 커피를 마시는데, 단지 상대에게 마음이 없다는 이유 하나만으로 그 시간과 에너지는 불필요한 소비에 해당되었다. 그런 소비는 연애를 하지 않고도 행복하게 사는 방법을 어렵게 터득한 나의 안정적인 일상을 단번에, 그것도 너무나 쉽게 깨뜨려놓기에 충분한 사건이 되었다. 일정한 대상에게 사랑을 느끼고, 사랑을 주며, 사랑하는 행위 안에서 살다가, 오랜만에 갖게 된 진심이 결여된 만남이 나는 꽤나 껄끄러웠다.

원래 참 좋아하던 음식이었는데. 누구와 가도 참 좋은 공간이었는데. 그랬는데.

혼자보다 못한 시간이란 생각이 들었다.

예쁘다

같이 마주 앉아 밥을 먹는 순간마저도
특별하게 와닿게 하는 것이 바로 연애의 힘이다.

어느 날, 동네 친구와 함께 밥을 먹고 있는데
새삼스럽게 그 친구가 나한테 오늘 '예쁘다'고 말해
주는 것이다.

그 새삼스러운 '예쁘다'는 말이 듣기 좋기야 했지만
그 친구와 마주 앉아 먹는 밥이
그 친구가 내게 그런 말을 해준 것이
전혀 그날을 특별하게 해주지는 않았다.

친구의 '예쁘다'와
남자친구의 '예쁘다'가
다르게 느껴지는 것 역시
연애의 힘이다.

오늘따라
너의 '예쁘다'가 그립다.

뒤늦은
고백

나는 꽤 밝았던 만큼 우울함도 잦았다. 그런 모습에 지쳤을 법도 한데, 그럴 때마다 그는 항상 내 기분을 환기시켜주었고 나는 그 사실을 까맣게 잊고 살고 있었다.

헤어지고 나는 그를 얼마나 저주했었나. 안정적인 네 직업 주변에 계산적인 여자만 엮이기를. 저렴한 가치관을 가진 여자를 만나 지나버린 나와의 연애를 질리도록 그리워하기를. 그렇게 분노에 찬 저주를 거의 매 순간 했다. 그러다 잠 안 오는 새벽이 되면 늘 그렇듯 지난날의 일기를 읽었다.

일기 안에 나는 그날도 이유 없이 슬펐다. 다정하게 걸려온 그의 전화를 받고도 나는 아무 설명이 없었다. 전화를 끊고 혼자 더욱더 슬퍼지려 애를 쓰는데, 그때 메시지 하나가 왔다.

'택배가 도착했습니다. 문을 열고 지금 확인해보세요.'

뭐지 싶어 문을 열었는데, 문 앞에는 내가 가장 좋아하는 초콜릿과 그 위에 작은 편지 한 통이 있었다.

서둘러 겉옷을 입고 뛰어나갔지만, 그는 우리 집 건너편에 있는 버스 정류장에 서서 집으로 가는 버스를 기다리고 있었다. 나는 그에게 "기다리라"고 외쳤고, 그는 나에게 "됐으니 어서 들어가라"고 말했다. 나는 그런 그에게 어느새 웃으며 손을 흔들어주고 있었다.

수도꼭지

SNS를 하다가 내가 사랑하는 사람이 나를 사랑할 확률이 굉장히 적은 확률이라는 글을 본 적이 있다. 즉, 서로가 서로를 사랑하는 일은 기적과 같은 확률이니 사랑하는 사람에게 잘하라는 내용이었다. 나는 그 말에 쉽게 공감하지 못했다. 잘하라는 말에 공감을 못 한 게 아니라, 그 확률이 기적과도 같다는 말에 공감을 하지 못했던 거다.

나는 사랑이 수도꼭지 틀면 물 쏟아지듯, 그만큼 쉬운 건 줄 알았다. 언제 어디서나 쉽게 볼 수 있고, 사랑을 생각한다면 서로 사랑하는 것을 떠올렸다. 지금껏 내 사랑이 그래왔으니까.

끊임없이 연애를 했고, 실패라고 꼽을만한 연애를 해 본 경험도 없으니, 이 정도면 꽤 훌륭한 성적이라고 생각했다. 그래서 그와 헤어지던 날에도, 나는 아쉬울 게 없었다.

왜? 나는 너 아니어도 만날 사람이 많으니까.

그런데 메마를 날 없이 물을 콸콸 쏟아낼 것 같던 수도꼭지가 한겨울 동파처럼 꽁꽁 얼어버렸다. 예고도 없이 찾아온 단수에 나는 적잖이 당황했다. 문제는 만날 사람이 많은 것이 아니라, 그 많은 사람 중 내 마음이 내키는 사람이 없다는 것이었다. 그제야 나는 왜 SNS에 올라왔던 그때 그 글이 수많은 사람들의 공감을 얻었던 건지, 그 좋아요 숫자에 미친 듯이 공감했다.

내가 혹시 지금껏 너무 당연하게 물 쓰듯 사랑을 했던 것은 아니었을까? 다음번 수도꼭지를 쓸 때에는 쏟아지는 물을 소중하게 아껴 쓰고, 나눠 쓰고, 다시 써야겠다.

연애 바람

오랜 연애를 끝내고 혼자가 되었을 때, 나는 이렇게 생각했다.
'아, 두 번 다시는 이렇게 오래 안 만나야지.'

사랑하는 사람에게 상처를 받았을 때, 나는 이렇게 생각했다.
'아, 다시는 누구를 이렇게까지 사랑하지 말아야지.'

하지만 그러면서도 오랜 연애를, 진실된 사랑을 포기할 수 없었다.
그런 연애들을 통해 우리는 정말 많은 것들을 배우고 또 느낀다.

연애는 끊임이 없어야 한다고 생각한다. 흔히 '이놈이 그놈이고, 그놈이 이놈이다' 하면서 모든 연애를 일반화시키는 어른들의 말은 사실 틀린 말이다. 이놈이 나에게 주는 느낌과 그놈이 나에게 주는 느낌은 매번 다르다.

연애는 경험을 쌓아 추억 상자를 만들기 위한 것이 아니라 매번 다른 느낌으로 내가 살아있음을 확인하기 위한 자기애가 반영된 행위가 아닐까?

사실 연애를 해 본 사람이라면 연애가 얼마나 별게 없는지 안다. 만나서 밥 먹고, 영화 보고, 그러다 가끔 연극이나 뮤지컬도 보겠지. 조금 지나면 더 별거 없다. 어쩌다 함께 여행을 가고, 같은 시간을 공유하며, 세상에 존재하는 모든 정신적이고 육체적인 사랑의 언어를 서로에게 구사하겠지. 그렇게 아름답다가 때론 네가 밉다, 싫다, 울고 화도 내게 될 테고, 먼저 돌아서기도 혹은 떠나가는 상대방을 잡기도 할 거다.

그런데 위에서 말한 모든 행위들은 같은 기억임에도 불구하고 대상에 따라 다른 느낌으로 내 안에 흡수된다. 그러니 우리는 끊임없이 연애를 해야만 한다. 가장 따뜻하고 가장 간절한 느낌을 찾아 한 대상과 영원히 그 감정을 공유하길 바라본다.

사랑이
뭐길래

학생일 땐
'시험 기간이라. 이해하지?'
졸업하고는
'취업 준비 하느라. 이해하지?'
취업하고는
'회사 때문에 바빠서. 이해하지?'

나한테 그토록 이해를 바랐으면서
왜 그는 나를 이해하지 못했을까.

한없이 다정하고 존경스럽던 남자가
내 기억 속에
이성적인척하는 감성주의자
자기합리화의 달인으로 남는 데 걸린 시간은.

이별 사유

나는 늘 이렇게 극단적이었다.
멋대로 달려왔다가, 멋대로 돌아서고.
사랑하거나 혹은 저주하거나.
그래서 난 착하다고 칭찬하기도 애매하고
나쁘다고 비난하기도 애매한 사람이다.

나랑 연애했던 전 남자친구들은 잘 알 거야.
내가 사랑할 때 얼마나 용감한지.

사랑의
구조

우리의 합리화는 사회의 부조리한 구조 앞에서만 발생하지 않는다. 사사로운 감정의 집합체인 연애에서도 그 합리화는 계속된다. 특별히 못하는 것은 없지만 그렇다고 하여 잘하는 것도 없는 0과 같은 제로 상태의 사랑을 '그래도 그는 나를 사랑하네, 그래도 나는 그를 사랑하네'라고 마음먹는 것. 한 사람의 일방적인 양보와 배려를 '바쁘니까 어쩔 수 없지'하고 순화하는 것. 1이 되지 못한 마음보단 그래도 마이너스(-)가 아닌 것에 감사하는 그 비참함.

세상에 남녀 불문하고 사랑받는 것을 싫어하는 사람이 어디 있을까? 나를 사랑해달라는 말 대신 이해하는 척을 시작했다면 그 사랑을 이제는 그만둬.

생각이 나서

그때의 내 마음을 믿지 말고
오늘의 이 마음을 믿을 것.

그때의 내 마음을 잡지 못한 그 사람은
오늘의 이 마음도 잡아둘 힘이 없으니.

지나버린 사람은 부디 그대로 지나칠 것.

스물넷

나는 내가 나이를 먹고 있다는 것에 대한 고민을 할 때
그제야 내가 '어른이 됐구나' 하고 생각한다.
그러나 그 생각을 때로는 부정하고 싶기도 하다.

나이를 먹는다는 것에 대한 고민을 하기 시작했다는
것은 인생의 부정적 신호탄이 울렸다는 것과 같다.

더 성실해야 하고
더 책임져야 하고
더 눈치 봐야 하고
더 양보해야 하고
그러면서도 더 가져야만 하는
….
어른이 되는 과정은
이별하고도 잘 살아야만 하는 것처럼 너무 어렵다.
똑같이 아프지만 그때의 나는 어렸고
지금의 나는 조금 더 성장했기 때문에
겉으로 표현하진 않는다.

내일이면 괜찮아질 거고
또 괜찮아야 하니까.

이제는
스물다섯

모든 스물다섯은
스물다섯이라는 숫자를 두고
20대 중반이네
반 오십이네
제 나이로 불리지 않는다.

제 나이로 불리지 않으니
나잇값을 하지 말아야겠다.

모두가 정신을 똑바로 차리고 사는데도
힘들어하는 마당이니
내 정신은 타임캡슐에 넣어 나무 밑에 숨기기로 했다.

왕비 妃

엄마를 따라 점을 보러 간 적이 있다. 스님이 말하기를, '요즘 이게 대세래. 이거 하면 돈 번대' 해서 남들이 거기로 우르르 몰릴 때, 나는 '아, 그래?' 하면서 내 갈 길 가는 사람이라고. 그 말을 듣고 나는 크게 박장대소했는데, 그건 일종의 공감이었다. 나는 여전히 나와 비슷한 사람보다는 다른 사람이 좋고, 다수보다는 소수, 보편적인 것보다는 특수한 것에 더 마음이 간다.

누군가는 이런 나의 가치에 성공하기는 글렀다는 잣대를 두기도 하지만 나는 성공하기 싫어하는 사람이 아니다. 모두 돈을 좋아하니까 나는 돈을 싫어할 거야!라고 말하는 것도 아니다.

내가 원하는 내 인생은 자본에 다스려지는 것이 아니라 자본 위에서 군림하는 내가 되는 것. 나는 내 가치를 좇아 돈이 날 쫓게 할 거야.

어쩌면
모두가
알고 있는
사실

시간이 없다는 건 제약이 있다는 것이지
불가능하다는 것은 아니다.

평안

다짐만 수도 없이 한다.
꼭 되고말고.
꼭 하고말고.

그렇게 된다고 떠드는 행위가
순간의 항우울제 역할을 하는지
마음은 평안을 찾는다.

그러나 실천 없는 다짐은 마치 마약과 같다.
순간적인 안정감에 오늘을 내려놓고,
꿈을 내려놓고,
결국 나를 놓아버린다.

차곡차곡 쌓이는 것 없이 어쩌면 나는
더욱더 과거보다 못한 삶을 살고 있을지도 모른다.
그동안 내 나약함으로 희생된 모든 것에게 조의를
표한다.

그곳이
파리라면

뤽상부르 공원에서 아침 운동
꽃 시장에서 꽃 사기
노천카페에서 커피 마시며 책 읽기
영화관 가서 프랑스 영화 관람
대낮에 1664 맥주 마시기
담배 말아서 피워보기
베르사유 궁전에서 경복궁 회상해보기
음식점에서 재촉하지 말기
한국에 있는 사람들에게 편지 보내기

이 모든 것을 사랑하는 사람과 함께 하기

낯선 사람,
그러나
익숙한 여행자

나는 파리에 머무는 2주 동안 한인 민박에 묵었다. 다른 사람들에 비해 파리에 꽤 긴 시간 체류했는데, 그도 그럴 것이 그들은 파리 외에도 다른 나라를 돌아야만 하는 계획을 가지고 있었고, 나는 오로지 파리 한 곳만 머물다 갈 계획이었다.

그곳에서 만난 사람들은 모두 한국에서 마주친 적도 없는 사람들이었다. 같은 나라, 같은 도시에 살고 있음에도 불구하고 우리는 한국이 아닌 프랑스 파리에서 만나게 됐다. 어떠한 교집합도 없는 사람들을 낯선 곳에서 만났으나, 우리는 모두 익숙한 여행자의 모습을 하고 있었다.

파리에서 만나 한국에 돌아와서도 가끔 연락을 주고받으며 만나는 언니가 있다. 자주 연락하거나 만나지 않아도 파리에서의 향수를 느끼도록 해주기 때문에 언니의 존재는 내게 참으로 애틋하다.

그 날은 언니와 함께 저녁을 먹고 자전거 나라에서 운영하는 투어를 나가게 됐다. 돌고 돌다 예술인의 다리라고 불리는 퐁데자르 다리에 가서 센느강을 바라보았다. 밤에 바라본 센느강은 다시 한번 내가 파리에 있음을 실감하게 해주었다. 다리 위에는 많은 사람들이 있었는데, 유독 시선이 가는 무리가 있었다. 내 또래 (사실 내 또래로 보이진 않았으나, 아마도) 같은 사람들이 원 모양으로 둘러앉아 술을 마시고, 기타 연주를 하며, 노래를 부르고 있었다. 나는 그들과 가깝지도 멀지도 않은 그 주변 어딘가에서 그들을 바라보았고, 그들은 나를 낯선 사람쯤으로 여기며, 자신들의 낭만에 열중했다.

원래 뻔뻔하긴 하지만 그때의 나는 조금 더 뻔뻔했던 것 같다. 나는 가만히 그들을 보다가, 그들이 만들어놓은 둥근 원 사이로 들어가, 아무 말도 하지 않고 가운데에 그냥 털썩 주저앉았다.

그러자 그들은 놀던 걸 멈추고 나를 바라보았다. 내가 그들을 향해 어색하게 웃으며 서툰 언어를 내뱉자, 그들은 내가 여기에 머무는 사람이 아닌 자신들이 늘 보는 익숙한 모습의 여행자 중 하나임을 눈치챘다. 그러자 그들도 나를 향해 웃으며 내 옆에 다가왔고, 우리는 그날 밤을 한 장의 사진으로 남겼다.

나는 그렇게 그들의 기억에 낯선 사람, 그러나 익숙한 여행자로 머문다. 그리고 나뿐만 아니라 우리 모두가 서로에게 낯선 사람, 그러나 익숙한 여행자로 살아간다.

**아름다운
이별**

이별이 아름다웠던 적이 있다.
이렇게 아름답게 이별할 수 있다니!
'아름다운 이별은 없다'는 말에 처음으로 부정했었는데
이제 와 생각해보니 아름다운 이별은
그를 사랑하지 않았다는 반증이다.

진짜 사랑했다면 이별이 아름다울 리가 없다.
우리가 나눈 수많은 사랑의 언어가 한순간 과거가 되고
나의 일부를 가장한 전부가 찢겨 나가는데
어떻게 아름다울 수가 있을까.

이별이 아름답다는 건
사랑하지 않았다는 것.

이제 아름다운 이별은 하지 말자.
아름다운 것은 사랑 하나로 충분하다.

사랑할 땐 헤프고 뜨겁게.
이별할 땐 비참하고 처절하게.

우리 그렇게 사랑하고
그렇게 이별하자.
그게 바로 이별의 아름다움이다.

오래오래
행복하게

사실 인생을 살면서 순간순간마다 주어지는 것은 있어도, 평생 동안 주어지는 것은 없다. 친구 이모부님의 부고 소식을 전해 듣고, 삶과 죽음에 대해 생각했다. 순간순간을 행복하게 살려고 노력하는 나조차도 내 인생 통틀어 가장 좋았다고 할 수 있는 파리에서의 기억이 여전히 또렷하다 말하기 힘들 정도로 훼손되었다.

아무리 좋았던 기억도 시간의 힘을 이기지 못한다. 그런데 사람들은 살면서 얼마나 많이 참고 또 참으며 미래 지향적으로 살고 있는가. 인생을 마감할 때 가장 후회하는 것은 내가 조금 더 행복할 수 있었는데 그렇게 살지 못했다는 아쉬움에서부터 온다. 차곡차곡 모아두는 돈도 좋지만, 내가 하고 싶은 일보다 해야 할 일을 하는 것도 좋지만, 하루 일분일초 간격으로 매 순간 내가 행복할 수 있는 삶을 산다면 오늘 당장에 죽어도 나는 행복할 것이다. 행복은 '오늘은 참고 내일부터 행복해야지!' 하고 할 일을 미루듯 미룰 수 있는 것이 아니다. 우리 모두가 내일이 아닌 오늘 이 시간부터 오래오래보다는 행복하게 살았으면 좋겠다. 오래오래 행복하게면 더 좋고.

꽃보다
아름다워

계절 단위로 살아가는 꽃도 지었다 다시 핀다.
하물며 시간 단위로 살아가는 인간의 삶은 어떨까.

당신은 꽃보다 아름답다.

plz

please
제발
에서 묻어져 나오는 그 간절함이 나는 너무 좋다.

어쩌면 지금 이 순간 내 인생에서
가장 간절하고 절박하기 때문일 수도 있고.

친구들이

네 얘기를 많이 썼으면 좋겠대.
난 네가 싫은데.

트라우마

상처가 아닌 흉터가 되는 경우가 있다.

어린 나이에 만나 꽤 진지하게 연애했던 사람이 있다. 남들은 공부하기 바쁜 고3에 나는 친구들과 노는 것도 뒤로 하고 그 사람만 만났었다.

그 날은 늦은 밤 함께 택시를 탔는데, 기사님은 뭐에 씐 것처럼 신호가 빨간데도 속도를 늦추지 않았다. 결국 택시는 그대로 앞차를 들이받았고, 이후 우리는 한 병원 3층, 4층에 사이좋게 입원을 했다. 그때 나는 오른쪽 날개뼈를 다쳤다.

그 사람과는 3년의 연애 끝에 헤어졌고, 이별 사유는 내가 3년 동안 나 자신에게 속았다는 데에 있었다. 내가 어디에 있고 누구를 만나는지, 집에 있을 땐 무얼 하며 시간을 보내는지, 핸드폰 메시지는 누구와 주고받고, 그 내용은 어떤지. 나를 향한 관심이 넘어 집착이 되었을 때도 나는 어린 나이에 그게 더 큰 관심인 줄로만 알았다. 짜장면이나 냉면은 비벼주고, 잘라주었다. 식당에 적힌 '물은 셀프'라는 말도 그 사람과 함께 있을 땐 없는 말이나 마찬가지였다. 사정이 생겨 집에 몇 주 동안 혼자 있게 됐을 때도 그 사람은 내 끼니 걱정에 자기 집 냉장고 반찬을 엄마 몰래 털어 오기도 했었다. 내 생리 주기를 항상 체크하고, 생리통이 시작될 때면 항상 우리 집 문고리에 내가 좋아하는 초콜릿과 초코우유를 걸어두고 갔고, 감기에 걸려 내가 아플 때면 우리 엄마도 밖에서 사다 주는 죽을 그 사람은 꼭 직접 만들어 보온병에 담아다 주곤 했다. 그는 그런 사람이었다.

나는 이 사람 없으면 아무것도 못 하겠다 싶었다. 그리고 정말 내 열아홉, 스물, 스물하나에는 그 사람이 전부였다. 그래서 나는 사랑인 줄 알았다. 그러니 그런 사랑 뒤에 나를 겨누는 칼을 그대로 맞았으리라.

그런데 이제 와 고백하건대, 나는 그를 사랑하지 않았다. 사랑이었으면 하는 바람이 나를 3년 동안 그 사람과 묶어두었다. 지금 내가 위안 삼을 핑계는 사랑에 무지했던 어린 나이뿐이다. 그와 함께 보낸 지난날을 가능만 하다면 나는 보상받고 싶다. 그래도 좋은 기억이었다며 남기고 싶은데 여전히 그는 가끔 내 꿈에 나타나 나를 괴롭힌다.

분명 크게 다치지 않았는데 교통사고 후유증은 어쩔 수가 없는지 때때로 그날 다쳤던 오른쪽 날개뼈가 아프곤 한다. 그러면 꼭 그 사람이 생각난다.

아픔을 동반한 기억.

사계절

봄에는 설렌다.
여름에는 흥분되고
가을에는 잎이 물들 듯 감성에 젖는다.

그리고 겨울.
사계절 중에서 가장 길고 긴 겨울에는 권태롭다.
모든 사물에,
그리고 관계에.

행복해야만 한다는
강박증 환자의 고백

no happy
no funny
normal

나이를
먹는다는 건

아이 손을 잡은 다정한 부부가 지하철 안으로 들어와 내 옆에 앉았다. 나는 생각했다. 우리가 헤어지지 않았더라면 훗날 우리도 저런 모습을 하고 있었을지도 몰라.

한참을 보다가 고개를 돌려 앞을 봤을 때, 맞은편에 앉은 노부부도 그들을 보고 있었다. 수많은 감정이 뒤섞인 눈빛으로 노부부는 무슨 생각을 하고 있을까? 시집보내고 장가보낸 자식들을 떠올리고 있을까? 혹시 그 사이에서 태어난 손주를 떠올리는 건 아닐까? 아니, 어쩌면 '우리도 저런 때가 있었지' 하고 추억에 잠겼을지도 몰라.

나이를 먹는다는 건 얼마나 많은 것들을 추억하게 된다는 걸까. 나이를 먹는다는 건 얼마나 많은 아름다움과 더불어 따라오는 쓸쓸함을 견뎌내야만 하는 걸까.

기차를
타고

기차를 타고 창밖을 바라본다.
멀리 있는 풍경은 천천히
가까이 있는 풍경은 빨리
지나친다.

그래, 우리 다음엔 멀리 있는 풍경처럼 사랑하자.
거리를 두고 상대의 머리카락 색깔부터
발의 크기까지 천천히 마주하자.

서로를 가졌다는 확신보단
그래도 내가 너와 제대로 마주하고
너를 제대로 느꼈구나
그렇게 사랑하자.

무제 그리고
부재 (마지막 연애편지)

안녕.
여름이 올 무렵 우리가 헤어졌는데 벌써 이렇게 가을이 왔어. 나를 포함한 모두가 나를 이상하게 생각할 만큼 나는 계절의 힘을 빌려 그 어느 때보다도 열정적인 여름을 보냈어.

나는 너를 엮어 이렇게 한 권의 책을 만들고
이후의 너는 내 드라마 어딘가에 한 번씩 등장하겠지.
난 이별 직후 내가 글을 쓰는 사람이어서
정말 다행이라는 생각이 들었어.
보통의 이별은 헤어지고 추억이 되어버린 대상과의
기억에 힘들어하는데 난 이별의 슬픔 이면에 잔인한
설렘도 있었거든.

나는 앞으로도 너를 소재로 쓰고
우리였던 시절의 기억을 팔고
그때의 경험도 팔 거야.

일이 고되다고 담배 많이 태우지 말고
엄마 잔소리에 지난날 너에게 했던 내 잔소리를
떠올렸으면 좋겠어.

언제나 어디서나 내가 행복하다면
이후 너의 행복을 빌어줄게.
안녕.

이 또한
지나가리라

힘들 때 떠올리는 명언이 하나 있다.
이 또한 지나가리라.

그러나 지나가는 것은 불행만이 아니다.

모든 것은 제자리에 없으며
우리는 모두 흐르는 시간으로 인한 피해자이다.

스친 것들에
대한 기록물

스치지 않고 남아주어 참 고맙다는 말을 하기 위한
스친 것들에 대한 기록물.

Epilogue

단 하나의 글이라도
읽는 이의 마음에 들었으면

단 하나의 글이라도
읽는 이와 나를 동일시시켰으면

그랬으면 하는 바람으로
쓸쓸한 계절
당신의 책장에 스치지 않고 남아주길 바랍니다.

언제나 어디서나 해삐-

김은비

1991년 3월 15일에 태어나 / 김해 金 은혜 恩 왕비 妃 / 그래서 김은비 / 불완전해서 불안정한 것을 좋아해 / 재수해서 들어간 서울예대 / 이후의 드라마 작가가 되기 위해 극작 전공 / 『스친 것들에 대한 기록물』 『꽃같거나 좆같거나』 저자 / 언제나 어디서나 해뻐
@bbiiihappy

스친 것들에 대한 기록물

2017년 7월 31일　1판 1쇄 발행
2025년 1월 10일　　　5쇄 발행

지 은 이　김은비
발 행 인　이상영
편 집 장　서상민
편 집 인　채지선, 한성옥, 이경은
디 자 인　서상민, 전가람, 오윤하
마 케 팅　박진솔
펴 낸 곳　디자이이음
등 록 일　2009년 2월 4일·제300-2009-10호
주　　 소　서울시 종로구 효자동 62
전　　 화　02-723-2556
메　　 일　designeum@naver.com
blog.naver.com/designeum
instagram.com/design_eum

*잘못된 책은 바꾸어드립니다.